RISTOPHORUS

ayher
BBYKUNST

Martha Steinmeyer

Scrapbooking

Ideen rund ums Foto

Inhalt

Die schönsten Erinnerungsfotos kreativ in Szene setzen

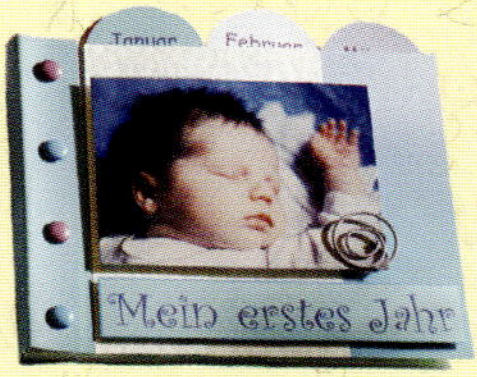

Martha Steinmeyer beschäftigt sich schon seit vielen Jahren mit verschiedenen kreativen Techniken. Sie hat bereits zahlreiche erfolgreiche Bücher veröffentlicht.

Material & Technik

Fotografien

Die Fotografien bilden die Grundlage des Scrapbookings und sollen der wichtigste Blickpunkt auf den gestalteten Seiten bleiben. Wer seine Bilder digital fotografiert und bearbeitet, kann die Bilder entsprechend optimieren, indem er Ausschnitte und Größe der Fotos variiert.

Fotoalben und Papiere

Für ein klassisches Album das Format nicht zu klein wählen, damit Platz zum Gestalten bleibt. Die beliebteste Größe für Scrapbooking ist das Format 30,5 x 30,5 cm. Alben mit Seiten zum Herausnehmen sind ideal, das vereinfacht die Arbeit. Scrapbooking-Papiere, ein wesentliches Element der Gestaltung, sind in großer Auswahl an Farben und Mustern im Fachhandel erhältlich, meist in der Größe 30,5 x 30,5 cm.

Dekoratives Zubehör

Speziell für das Scrapbooking-Hobby gibt es eine riesige Auswahl attraktiver Designelemente wie z. B. „Embellishments“ oder „Brads“. **Embellishments** sind Sets mit dreidimensionalen Klebemotiven, die zu vielen Themen erhältlich sind. **Brads** sind Klammern mit Motiven wie z. B. Herzen oder kleinen Füßen. Zudem hält der Fachhandel ein großes Angebot zur Anfertigung des Scrapbooking-Designs bereit wie z. B. Sticker, Stempel, Motiv- und Bordürenstanzer, Knöpfe, Anhänger, Prägeschablonen, Klebeschriften oder Silhouettenscheren.

Werkzeuge und Hilfsmittel

Bleistift, Transparentpapier, Lineal, Lochzange, Schere und Cutter mit Schneidematte gehören zu den am häufigsten gebrauchten Werkzeugen. Zum Kleben benötigt man verschiedene Produkte: Fotos mit speziellem Fotokleber oder transparentem, doppelseitigem Klebeband aufkleben. Transparentpapiere mit hochtransparentem Spezial-Doppelklebeband, 3 oder 6 mm breit, anbringen. Halbperlen, Knöpfe, Streuteile usw. am besten mit Multi-Kleber fixieren. Um einzelne Elemente erhaben anzubringen, doppelseitige Klebemittel wie Abstandsbänder oder 3D-Klebepunkte verwenden. Alle hier genannten Werkzeuge und Klebstoffe wie auch Heißklebepistole, Pinsel oder Schwämmchen zum Auftragen von Farbe, Nadeln oder bunte Stifte gehören zur Grundausstattung und werden in den Materiallisten nicht mehr extra aufgeführt.

Color Cutter

Der Color Cutter ist Stift und Cutter zugleich. Der Cutter ist in den Stift eingearbeitet, sodass man ein Motiv zugleich ausschneiden und mit farblicher Umrahmung versehen kann.

Holz oder Pappmaché bemalen

Manche Fotos sind in Bilderrahmen oder an anderen Objekten angebracht. Diese Träger können mit Allesfarbe bemalt werden, am einfachsten mit einem Schwämmchen. Interessante Effekte entstehen, wenn man nach dem Trocknen eine zweite Farbe aufträgt. Diese am besten mit einem Schwämmchen leicht verwischen oder tupfen.
Schöne Farbabstufungen werden mit farbiger Kreide erzielt: Mit dem Cutter Farbpartikel von der Kreide abschaben, diese dann mit einem Watteballchen aufnehmen und auf der bemalten Oberfläche verreiben.

Prägen

Man kann Motive entweder per Hand prägen oder das „Wizard", ein Gerät, das sowohl stanzen als auch prägen kann, benutzen.
Es wird im Fachhandel zusammen mit vielen ergänzenden Schablonen und Motiven angeboten. Möchte man ein Motiv per Hand prägen, einen Prägestift und eine Präge- oder Embossingschablone verwenden. Die Schablone mit Klebefilm auf einem kleinen Leuchttisch oder am Fenster fixieren. Nun das Papier mit der „schönen" Seite nach unten darüberlegen. Anschließend mit dem Prägestift über die durchscheinende Form fahren.

Embossingtechnik mit dem Emboss-Dual-Pen

1. Ein Kopierpapier als Unterlage auf den Stempelplatz legen.

2. Mit dem Emboss-Dual-Pen frei auf das gewünschte Papier schreiben oder die Vorlage nachmalen.

3. Nach dem Schreiben eines Wortes sofort das Embossingpuder auftragen, überschüssiges Puder auf die Unterlage schütten. Dann das nächste Wort schreiben und wieder mit Puder bestreuen.

4. Ist das Schreiben beendet, die bestreute Schrift auf dem Brötchenaufsatz des Toasters oder mit dem Heißluftföhn erhitzen. Die Schrift erscheint nun als Relief. Überschüssiges Pulver wieder in das Fläschchen zurückschütten.

Vorlagen für die Beschriftungen

Viele Textsegmente in diesem Band können vom Internet als PDF-Datei unter der Adresse **www.christophorus-verlag.de/service** heruntergeladen werden. So erhalten Sie die Schriften in den Originalfarben. Alternativ können die Schriften auch vom Vorlagenbogen kopiert und anschließend direkt verwendet oder noch farbig ausgemalt werden. Beim Kopieren oder Ausdrucken am besten ein festeres Papier verwenden.

Mein **erstes Jahr**

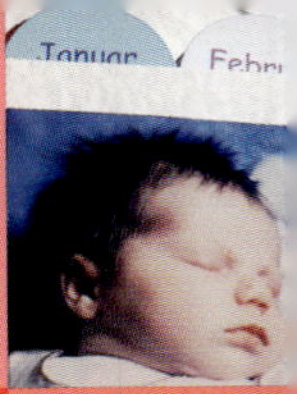

1 Die Vorder- und die Rückseite nach Vorlage A1 jeweils doppelt aus dem Scrapbooking-Papier mit dem blauen Verlauf schneiden. Davon jeweils zwei Lagen aufeinanderkleben, damit die Seiten stabiler und dicker werden. Beide Seiten an den eingezeichneten Faltlinien falten und die Titelseite lochen.

2 Den Rücken des Albums nach Vorlage A2 ebenfalls doppelt zuschneiden und die beiden Papiere zur Verstärkung übereinanderkleben. An den Faltlinien ein Lineal anlegen und mit der Scherenspitze daran entlangfahren, dann falten. Die seitlich abgefalteten Segmente zur Verstärkung nach innen kleben, dann das Ganze an den bezeichneten Stellen lochen.

3 Die Textsegmente A3 auf pastellfarbenes Papier kopieren und ausmalen oder vom Internet auf festes, weißes Papier drucken und dann ausschneiden. Das weiße Strukturpapier nach Vorlage A1 zuschneiden und auf die Titelseite kleben. Darüber wie abgebildet ein Foto, 9 x 7 cm, und das Textsegment „Mein erstes Jahr" mit Abstandsband fixieren. Spiralförmigen Clip anbringen.

4 Nun die Innenseiten des Albums anfertigen. Aus Scrapbooking-Papieren mit zarten Farben und kleinen Mustern nach Vorlage A4 jeweils vier von jedem der drei unterschiedlichen Seitentypen zuschneiden und lochen. Die Kreise mit den Monatsnamen ausschneiden und oben auf die Monatsseiten kleben: „Januar" auf das Halbrund ganz links, „Februar" in der Mitte, „März" ganz rechts, „April" wieder ganz links usw. Nun die Seiten mit Fotos, 9 x 7 cm, versehen, wer möchte, kann sie noch weiter verzieren.

5 Die Monatsseiten in der richtigen Reihenfolge ordnen. Alle zwölf Seiten zwischen die Vorder- und die Rückseite legen. Den Albumrücken umlegen. Vier Rundkopfklammern (Brads) von vorne bis zur letzten Monatsseite durchstecken, dann hinten auseinanderspreizen. Nun den hinteren Teil des Albumrückens an der Rückseite festkleben. So sind die Klammern verdeckt.

Material

- Scrapbooking-Papier mit blauem Verlauf, zarten Farben & Mustern
- Strukturpapier in Weiß
- Brads in Rosa, Hellblau
- Clips „round" in Pastell

November
Februar
Januar
Mein erstes Jahr

Baby-**Leporellos**

Material

Leporello in Rosa

- Pappmaché-Box mit Leporello, rund
- Allesfarbe in Schneeweiß, Babyrosa
- kleine Knöpfe in Rosa, Hellblau
- Organzaband in Weiß, 5 mm
- Scrapbooking-Papier in Babyrosa
- Strukturpapier in Weiß
- Tonzeichenpapier in Weiß
- Embossible Design Cards mit Babymotiven
- Briefbogenpapier „Erika“
- Papierset in Rosa
- Brads in Rosa
- „Embellishment Kit“ in Pink
- Deko-Kordel in Altrosa, 2 mm
- Embossingschablone „Hände und Füße“
- Embossingstift

Material

Leporello in Blau

- Pappmache-Box mit Leporello, eckig
- Allesfarbe in Babyblau, Lavendel
- kleine Knöpfe in Rosa, Hellblau, Grün
- Scrapbooking-Papier in Babyblau, Flieder
- Strukturpapier in Weiß
- Tonzeichenpapier in Weiß
- Embossible Design Cards mit Babymotiven
- Papierset „Punkte“
- Organzaband in Weiß, 5 mm
- Emboss-Dual-Pen
- Embossing Puder in Weiß
- Embellishment Kit in Hellblau
- Klebemotiv „Baby-Spiel“
- Brads „Hand und Fuß“

Baby-**Leporellos**

Abbildung & Materialangaben Seite 8/9

Leporello in Rosa

1 Die Leporello-Schachtel mit rosa Allesfarbe bemalen, noch vor dem Trocknen mit einem Schwamm etwas weiße Farbe auftupfen. Nach dem Trocknen den Deckel mit einem Kreis weißen Strukturpapiers, 12 cm Ø, bekleben. Darauf ein Foto, 11,5 cm Ø, mit Abstandsband fixieren. Das Ganze nun mit Knöpfen, die am besten mit 3D-Klebepunkten fixiert werden, und Organzaband verzieren.

2 Die einzelnen Seiten des Leporellos mit Fotos oder verschiedenen Papieren bekleben. Für die ganz rechte Seite kleine Anhänger nach Vorlage B1 aus rosa Scrapbooking-Papier schneiden, mit Buchstaben beschriften und lochen. Die Anhänger auf die Kordel ziehen und die Kordel dann mit Rundkopfklammern (Brads) auf der Leporelloseite befestigen. Jeden Anhänger einzeln mit 3D-Klebepunkten fixieren.

3 Für die Seite „Ein Baby zu haben ..." Textsegment B2 auf das weiße Tonzeichenpapier kopieren und ausmalen oder vom Internet ausdrucken. Das runde Kärtchen ausschneiden, lochen und das Organzaband anbringen. Das Ganze dann mit 3D-Klebepunkten auf der Seite fixieren.

4 Das Foto mit dem Füßchen mit einer Rundkopfklammer anbringen. Zwei kleine Kreise, 2,5 cm Ø, aus dem rosa Papier schneiden, darauf jeweils einen Fuß prägen (siehe Anleitung Seite 4/5) und die beiden Kreise anschließend mit 3D-Klebepunkten aufkleben.

5 Für die ganz linke Seite einen Halbkreis, 12,5 cm Ø, zuschneiden, diesen dann der Leporelloseite anpassen, indem er rechts und links gekürzt wird. Das Ganze nun unten auf die Seite kleben, dabei den Kleber nur ganz am äußeren Rand der Seite anbringen. So entsteht eine „Tasche". Anschließend die fertig ausgestanzte Borte aus dem geprägten Papierbogen nur rechts und links auf dem Halbkreis fixieren, so kann der kleine Hase eingesteckt werden. Einen Knopf mit einer Schleife versehen und aufkleben. Vom Foto die oberen Ecken abschneiden und ein Bändchen anbringen. Zum Schluss das Foto in die Tasche stecken.

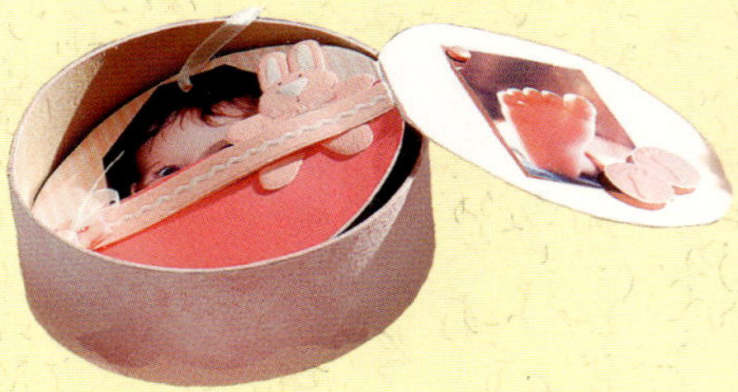

Leporello in Blau

1 Die Schachtel mit blauer Allesfarbe bemalen, danach mit einem Schwamm ganz wenig lavendelfarbene Allesfarbe aufnehmen und leicht über die blaue Farbe wischen.

2 Weißes Strukturpapier nach Vorlage B3 zuschneiden und auf den Deckel kleben. Das Foto, 12 x 9 cm, mit fliederfarbenem Scrapbooking-Papier so unterlegen und aufkleben, dass ein Rand übersteht. Das Ganze mit Abstandsband auf dem Deckel fixieren. Dann die Knöpfe mit 3D-Klebepunkten anbringen.

3 Die einzelnen Seiten des Leporellos nun mit Fotos oder Scrapbooking-Papieren, 12,5 x 12,5 cm, bekleben. Den Bilderrahmen nach der Anleitung B4 herstellen. Dann den Rahmen mit Organzaband an einem Knopf aufhängen, dazu das Band durch die Knopflöcher ziehen und den Knopf mit 3D-Klebepunkten an der Seite fixieren. Den Rahmen zum Schluss mit der kleinen Ente verzieren.

4 Das Schriftsegment B5 „Ein süßer Knopf" auf babyblauen Karton kopieren und mit dem Emboss-Dual-Pen und Embossing-Puder verzieren (siehe Anleitung Seite 4/5). Das fertige Kärtchen mit Abstandsband aufkleben. Zum Schluss einzelne Knöpfe aus dem Papier mit den Punkten sowie echte Knöpfe und ein kleines, rund ausgeschnittenes Porträt aufkleben.

5 Das Textelement B2 „Ein Baby zu haben ..." vom Internet auf das weiße Tonzeichenpapier drucken oder kopieren und ausmalen, anschließend ausschneiden und lochen. Organzaband durch die gestanzten Löcher ziehen, das Ganze mit Abstandsband aufkleben und mit dem Schaukelpferd-Klebemotiv verzieren. Oben und unten jeweils eine Reihe halber Punkte, ausgeschnitten aus dem Papier mit den bunten Punkten, mit 3D-Klebepunkten aufkleben.

6 Für die letzte Seite ein Foto von einem Babyfuß mit weißem Strukturpapier unterlegen und aufkleben. Zum Schluss mit einer Briefklammer in Form eines Füßchens sowie einem Knopf und Organzaband verzieren.

Baby im Bad

1 Für die Albumseite zunächst nach Vorlage C1 Fische, Fahne, Wellensegmente und zwei Streifen aus den entsprechenden Pergament- oder Transparentpapieren schneiden. Das Schriftsegment C2 vom Internet herunterladen und auf das weiße Tonzeichenpapier drucken oder kopieren, anschließend ausschneiden. (Wer möchte, verwendet individuelle Texte.) Nun die Wellensegmente und das Schriftelement in die rechte untere Ecke setzen.

2 Auf weißes Tonzeichenpapier in DIN-A4-Größe leicht versetzt das türkisfarbene Transparentpapier mit transparentem, doppelseitigem Klebeband anbringen. Dann die beiden horizontalen Streifen aufkleben und die Buchstaben aufsetzen. Anschließend das Foto mit Abstandsband fixieren. Mit einer Nadel zwei Einstiche an den vorgezeichneten Stellen anbringen. Den Strohhalm über diese kleinen Öffnungen legen und mit Draht fixieren. Das ganze Element nun auf das Papier mit dem blauen Verlauf kleben.

3 Die Fahne aufkleben und die Buchstaben darauf fixieren. Den Strohhalm im entsprechenden Winkel knicken. Vom blauen Organzaband zwei 12 cm lange Stücke abschneiden und doppelt legen. Die Schlinge unterm Halm durchführen, die beiden Enden des Bandes durch die Schlinge ziehen und sanft festzurren.

4 Wer ein Wizard-Gerät besitzt, kann die Fische mit der entsprechenden Schablone prägen. Dabei nur die Körper, nicht die Köpfe zwischen die Präge-Lagen geben. Anschließend das Blatt vollenden, indem Verzierungen wie die Wassertropfen und die Acryl-Strasssteine als Fischaugen aufgeklebt werden.

Material

- Scrapbooking-Papier mit blauem Verlauf
- Pergamentpapier in Flieder, Türkis, Grün
- Tonzeichenpapier in Weiß
- Transparentpapier, A4, verschiedene Motive
- Alphabeth-Sticker „Klassik"
- Trinkhalm in Blau
- Organzaband in Blau
- Acryl-Strasssteine in Türkis, Dunkelblau

DAVID
IM
BAD
Faszination BAD:
Warmes Wasser, weicher Schaum,
Blubbergeräusche, zarte Hände!
Alles ist in Bewegung:
Ein Beinschlag erzeugt Wellen,
ein Schlag mit der Hand verwandelt
Wasser in tausend kleine Tröpfchen.....

Kleine **Freunde**

Zickzack-Büchlein

1 Die Grundform der Häuschen nach Vorlage D1 aus weißem Fotokarton arbeiten. (Das Leporello kann durch das Anhängen beliebig vieler Seiten verlängert werden.) Die einzelnen Seiten mit unterschiedlichen Scrapbooking-Papieren in zarten Farben bekleben.

2 Für die einzelnen Seiten „Fenster“ nach Vorlage D2 arbeiten. D2 doppelt zuschneiden und auf einer Lage die herzförmigen Brads anbringen. Dann die zweite Lage von hinten dagegenkleben. So lässt sich verhindern, dass die Klammern die Fotos beschädigen. Anschließend das Ganze an den vorgezeichneten Linien falten und auf die Seite kleben. Nun sämtliche Fotos der Freunde und Freundinnen, 7,5 x 7,5 cm, mit Klebeband auf den Fenstern fixieren. Für jedes Kind ein Namensschild herstellen, dieses beschriften und mit 3D-Klebepunkten auf die Seiten kleben. Die Fensterläden mit Satinband verschließen: Dazu das Band an den Brads befestigen oder die Fensterläden lochen und das Band einziehen.

3 Auf die Frontseite des Büchleins die kleinen Porträts, 3 x 3 cm, kleben. Die Seite zusätzlich mit ausgeschnittenen Streifen des Scrapbooking-Papiers verzieren. Das Textsegment D3 „Kleine Freunde“ vom Internet auf festem, weißem Papier ausdrucken oder kopieren. Dann das Ganze ausschneiden und mit 3D-Klebepunkten fixieren.

Häuschen

1 Das Häuschen mit rosa Allesfarbe bemalen. Nach dem Trocknen Scrapbooking-Papiere in zarten Farben nach Vorlage D4 für die Hausform und Vorlage D5 für die Türchen zuschneiden. Die Hausform aufkleben. Die Türform falten und mit Abstandsband aufkleben. Das innen liegende Leporello nach D6 zuschneiden, falten, beschriften und in die Türform kleben. Die Türen mit Satinband schließen. Dazu kleine Quadrate schneiden und lochen, ein Ende des Bandes durch das Loch ziehen und die Quadrate aufkleben.

2 Wer entsprechende Texte in das Leporello einfügen möchte: Das kleine Textsegment D7 vom Internet auf festem, weißem Papier ausdrucken oder kopieren und ausmalen, dann ausschneiden. Wer mag kann anstelle von Texten auch Fotos verwenden. Zum Schluss ein Loch stanzen und das Ganze an das ausgeschnittene Band hängen.

Vorlagen D1 – D7

Material

Zickzack-Büchlein

- Fotokarton in Schneeweiß
- Scrapbooking-Papier mit blauen Streifen, rosa Streifen, blauen Karos, rosa Herzen
- Brads „Herz“
- Satinband, 3 mm, in Weiß, Marine

Häuschen

- Pappmaché-Haus, 16,5 cm
- Allesfarbe in Babyrosa
- Scrapbooking-Papier mit blauen Streifen, rosa Streifen, blauen Karos, rosa Herzen

Happy **Birthday**

Albumseite

1 Die Textsegmente E1 „Happy Birthday" auf Tonzeichenpapier kopieren oder vom Internet ausdrucken und ausschneiden. Das Papier mit Herzmotiven nach Vorlage E2 zuschneiden und die Textsegmente wie abgebildet von unten an die drei Seitenkanten des Papiers kleben. Dann das ganze Element auf der Albumseite mit dem gestreiften Papier fixieren.

2 Das große Foto, 13 x 18 cm, und die drei kleinen Fotos, 4 x 6 cm, mit rosa Fotokarton hinterkleben, dabei Abstandsband verwenden. Die weißen Herzchen-Brads bei den kleinen Fotos anbringen und alle vier Fotos auf der Albumseite fixieren.

3 Nun das Namensschild herstellen. Weißen Tonzeichenkarton und rosa Fotokarton nach Vorlage E2 zuschneiden und wie abgebildet übereinanderkleben. Den Namen mit Strassbuchstaben auf dem weißen Karton anbringen, rechts und links die Acryl-Halbperlen aufsetzen. Dann das Ganze mit Abstandsband unter dem Foto befestigen. Das Klebemotiv mit der Torte und das aus rosa Fotokarton ausgeschnittene Herz aufkleben.

Wer ein Wizard-Gerät (siehe Seite 4/5) besitzt, kann das geprägte Herz damit herstellen.

Großes Herz

1 Die Spandose in Orchidee bemalen. Nach Vorlage E3 das lavendelfarbene Herz ausschneiden und aufkleben. Einzelne Herzsegmente aus den gemusterten Papieren schneiden und zum Teil mit Abstandsband aufkleben. Das Foto, ca. 7,5 x 5 cm, und die Blümchen fixieren. Das Textsegment E4 vom Internet auf weißem Tonzeichenpapier ausdrucken oder kopieren, dann ausschneiden, lochen und das Organzaband durchziehen. Das Ganze nun mit Abstandsband fixieren.

Kleines Herz

1 Die Herzbox in Orchidee bemalen. Nach Vorlage E5 aus den entsprechenden Papieren die halben Herzen zuschneiden und aufkleben. Eines mit Abstandsband fixieren. Das Textsegment E6 vom Internet auf das weiße Papier drucken oder kopieren. Dann das Ganze ausschneiden, lochen, das Band durchziehen und zur Schleife binden. Dieses Element nun auf die Box kleben und zum Schluss die Strasssteine anbringen.

Material

Albumseite

- Scrapbooking-Papier mit Streifen mit Herzen
- Fotokarton in Rosa
- Tonzeichenpapier in Weiß
- Brads „Herz"
- Acryl-Halbperlen in Pink
- Strassbuchstaben in Pink
- Klebemotiv „Geburtstagstorte"
- Prägeschablone „Herzen"

Herzboxen

- Allesfarbe in Orchidee
- Scrapbooking-Papier mit Streifen, mit Herzen
- Tonzeichenpapier in Weiß

Großes Herz, zusätzlich

- Spandose „Herz", 21 cm
- Scrapbooking-Papier in Lavendel
- Organzaband in Rosé, 15 mm
- 3 Polyresin-Blüten in Rosa

Kleines Herz, zusätzlich

- Pappmaché-Schmuckbox
- Satinband, in Rosa, 6 mm
- Acryl-Strasssteine in Rosa

MEMORIES
HAPPY BIRTHDAY
HAPPY BIRTHDAY HAPPY BIRTHDAY HAPPY BIRTHDAY
HAPPY BIRTHDAY HAPPY BIRTHDAY
EMILY
BIRTHDAY HAPPY BIRTHDAY HAPPY BIRTHDAY

Bilderrahmen

Die einzelnen Rahmenteile mit Heißkleber zusammenkleben und anschließend mit Lindgrün sowie blauer und weißer Kreide bemalen (siehe Anleitung Seite 4/5). Die Holzspieße auf die Breite des Rahmeninneren kürzen und mit pinkfarbener Kreide einfärben. Jeweils 10 Perlen aufreihen und dann die Stäbe im Rahmeninnern mit Multi-Kleber fixieren. Das Papier mit den Punkten etwas größer als das Rahmeninnere zuschneiden und von hinten mit mehreren Lagen Abstandsband gegen den Rahmen kleben. Nun das Foto, 13 x 18 cm, mit Abstandsband in die Mitte setzen. Zum Schluss die Buchstaben des gewünschten Namens aus dem Scrapbooking-Papier mit den Buchstaben ausschneiden und auf den Rahmen kleben.

Leporello

Für die Titelseite ein Quadrat aus dem Buchstabenpapier, 7 x 7 Buchstaben groß, schneiden. Im Inneren ein Quadrat von 5 x 5 Buchstaben ausschneiden, sodass ein Rahmen entsteht. Das Ganze vorne mit Abstandsband aufkleben, unter der rechten Seite ein Ende des Satinbandes fixieren. Das Foto, 7,5 x 7,5 cm, mit grünem Papier unterlegen und wie abgebildet aufkleben. Für die erste Seite ein Rechteck, 11 x 16 cm, aus dem Buchstabenpapier schneiden und in der Mitte falten. Das Textsegment F1 „1. Schultag" aus dem Internet auf weißem Papier ausdrucken oder kopieren und ausmalen. Anschließend ausschneiden und aufkleben. Nun aus dem grünem Papier Seiten, die ein wenig kleiner als der Umschlag sind, zuschneiden. Diese dann im Inneren an den Bruchkanten zusammenkleben und zum Schluss mit Fotos bestücken.
Für die zweite Seite Vorlage F2 kopieren, ausschneiden und aufkleben. Aus vielen kleinen gestanzten Motiven wie abgebildet Rechenaufgaben gestalten und die Elemente fixieren.
Für die dritte Seite aus dem grünem Papier ein Quadrat, 12 x 12 cm, zuschneiden und vier Brads in die Ecken setzen. Ein Foto, 10 x 10 cm, mit Abstandsband aufkleben. Dann das Ganze auf der Seite fixieren.
Für die vierte Seite in das „Memo Bag" grünes Papier, 10 x 9 cm, einlegen. Bunte Buchstaben zuschneiden und in das Täschchen geben. Für das Bändchen ein Loch stanzen. Das „Memo Bag" mit doppelseitigem Klebeband auf der Seite fixieren. Zum Schluss auf der Rückseite des Leporellos ein weiteres Satinband zum Zubinden anbringen.

Schreibtischdeko

Die kleine Tafel mit Staffelei und die Stiftebox mit Allesfarbe bemalen (siehe Anleitung Seite 4/5) und mit Fotos, 10,8 x 8,8 cm oder 9 x 8 cm, bestücken.

Material

Bilderrahmen

- Pappmaché-Rahmenteile, 29 x 45 cm
- Allesfarbe in Lindgrün
- Kreide
- Scrapbooking-Papier mit grünen Punkten, Buchstaben
- Holzperlen, verschiedene Farben, 12 mm ∅
- Holzspieße

Leporello

- Leporello in Royalblau, 13,5 x 13,5
- Scrapbooking-Papier mit Buchstaben in Lindgrün
- Tonzeichenpapier in Weiß
- Hebel-Motiv-Locher Mini, Lokomotive
- Hebel-Motiv-Locher Mini, Schmetterling
- Motiv-Locher „klein", Mädchen
- Motiv-Locher „klein", Junge
- Memo Bags
- Satinband in Grün, 3mm
- Brads in Rosa

Schreibtischdeko

- Holz-Menütafel
- Bleistiftbox
- Allesfarbe in Azurblau, Lindgrün

Albumseite

Vom grünem Gartenpapier ein Quadrat, 24,5 x 24,5 cm, zuschneiden und in die linke Ecke des dunkelgrünen Papiers kleben. Das Foto, 13 x 18 cm, mit 3D-Klebepunkten auf dunkelgrünes Papier kleben. Das Ganze dann auf dem grünen Gartenpapier anbringen. Aus den verschiedenen Papieren kleine Rechtecke schneiden und nach Vorlage G1 aufkleben. Diese dann mit den Streuteilen, Brads und Blütenscheiben bekleben. Nach Vorlage G2 einen Anhänger aus dem Papier mit den gelben Punkten arbeiten. Das Textsegment auf das grüne Gartenpapier kopieren oder aus dem Internet auf weißes Papier drucken und ausschneiden. Beide Anhänger lochen. Die Papierkordel durchziehen, Brad anbringen und die Anhänger mit 3D-Klebepunkten fixieren.

Mein Buch vom Garten

Nach Vorlage G3 dreifach die Titel- und Rückseite aus dem dunkelgrünen Papier schneiden. Zwei Lagen mit Klebstoff verbinden. Für die Vorderseite ein Rechteck, 21,5 x 20,5 cm, aus dem grünen Gartenpapier schneiden und auf den dritten Tonkarton kleben. Aus dunkelgrünem Papier ein weiteres Rechteck, 12,5 x 14,5 cm, schneiden und auf der Vorderseite fixieren. Das Foto, ca. 9,5 x 12 cm, hellgrün unterlegen und mit Abstandsband ankleben.

Wer mag, kann leicht versetzt ein aus einem identischen Foto ausgeschnittenes Detail wie hier das große Blatt auf dem Kopf mit 3D-Klebepunkten anbringen. Nun die sechs kleinen Fotos, 2,5 x 3 cm, fixieren. Das Textsegment G4 auf das grüne Gartenpapier kopieren und ausmalen oder vom Internet auf festes, weißes Papier drucken, dann ausschneiden und dunkelgrün unterlegen. Das Ganze auf die Seite kleben, dazwischen zwei Drahtstücke, 8,5 und 7 cm, geben. Die Satinbändchen um die Drähte winden. Die mit einem Brad verzierten Textilblüten mit 3D-Klebepunkten auf den Draht-Enden befestigen. Die Innenseiten des Albums nach Vorlage G5 arbeiten und zum Schluss alle Seiten mit Brads verbinden.

Gartenhaus

Das Holzhaus mit Kreide einfärben (siehe Anleitung Seite 4/5) und die Dekoteile aufkleben. Das Foto, ca. 8,2 x 11,8 cm, im Holzfenster fixieren. Wer möchte kann ein Detail des Fotos wiederholen, indem es aus einem zweiten, identischen Foto ausgeschnitten und mit 3D-Klebepunkten leicht versetzt aufgeklebt wird.

Material

Albumseite

- Scrapbooking-Papier mit Gartenmotiv in Hellgrün, Dunkelgrün, Grün mit gelben Punkten, Grün mit weißen Blümchen
- Tonzeichenpapier in Weiß
- Brads „Blumen"
- Holzstreuteile, „Margerite", „Gartenset"
- Blütenscheiben in Gelb-, Rottönen
- Softpapierkordel in Hellgrün

Kleines Buch

- Scrapbooking-Papier mit Gartenmotiv in Hellgrün, Dunkelgrün
- Embellishment Kit in Hellgrün
- Steckdraht

Gartenhaus

- Holz-Fenster
- Kreide
- Embellishment Kit in Grün
- Holzstreuteile „Gartenset"

Auf dem **Bauernhof**

1 Vom Papier mit der Jute-Optik einen 14 cm breiten Streifen fertigen. Die Schrift am Rand abschneiden, dann den Streifen auf den rechten Rand des roten Papiers kleben. Da die Länge des Jute-Papiers nicht ausreicht, unten ein Stück ansetzen.

2 Nach Vorlage H1 am rechten Rand des Fotos, 10 x 15 cm, mit der Lochzange 5 Löcher stanzen. Das Foto aufkleben. Mit einer dicken Nadel durch die gestanzten Öffnungen im Foto jetzt auch den Karton darunter durchstechen. Eine entsprechende Reihe von Löchern rechts neben das Foto stechen. Den Lederriemen zur Hälfte legen und jeweils ein Ende von hinten durch die beiden oberen Löcher ziehen. Dann die Riemen überkreuzen und durch die nächsten Löcher ziehen. So bis unten weiterschnüren und am Schluss die beiden Enden verknoten.

3 Kleine Fotos mit einer entsprechend großen farbigen Unterlage versehen und in die untere rechte Ecke setzen.

4 Die Textsegmente nach Vorlage H2 vom Internet auf festes, weißes Papier drucken oder auf grasgrünes Papier kopieren und die Schrift dunkelgrün ausmalen, anschließend ausschneiden. Brads anbringen und beide Elemente wie abgebildet aufkleben.

5 Die Anhänger aus den verschiedenen Papieren arbeiten. Mithilfe der Malschablone Buchstaben anfertigen und aufkleben. Jutegarn an die Anhänger binden und mit Brads befestigen. Kleine Papierquadrate von hinten gegen die Klammern kleben, damit dahinterliegende Albumseiten nicht beschädigt werden.

Material

- Scrapbooking-Papier in Klassikrot, mit Jute-Optik, Kar
- Bastelpapier, A4, bunt
- Tonzeichenpapier i Grasgrün
- Brads „Schrauben"
- Lederriemen in Braun
- Jutegarn in Natur
- Malschablone mit Buchstaben

Ferien auf dem
BAUERNHOF
LENA

Katzenleben

Albumseite

1 Vom gestreiften Papier einen 9,5 cm breiten Streifen abschneiden und auf den unteren Rand des gepunkteten Papiers kleben, dabei die Streifenrichtung beachten. Die großen Fotos, 10 x 15 cm, mit der hellgrünen Rückseite des Pünktchenpapiers hinterkleben, einen Rand stehen lassen. Nun die großen Fotos sowie die drei kleinen Fotos, 6 x 6 cm, nach Vorlage J1 aufkleben. Das querformatige und die kleinen Fotos mit Abstandsband fixieren.

2 Den Buchstaben „K“ von der Vorlage J1 auf grünes Tonzeichenpapier übertragen, ausschneiden und lochen. Vom Satinband 15 cm abschneiden und doppelt legen. Die entstandene Schlinge durch das Loch ziehen, beide Bandenden durch die Schlinge ziehen und leicht festzurren. Den Buchstaben auf ein gestreiftes Quadrat, 9,5 x 9,5 cm, kleben und das Ganze in der linken oberen Ecke fixieren. Das Textsegment „(K)atzenleben“ J2 vom Internet auf weißem Tonzeichenpapier ausdrucken oder kopieren und die Schrift grün ausmalen, dann ausschneiden. Das Titelkärtchen noch einmal auf Tonzeichenpapier kleben und so verstärken. Das Ganze nun mit Abstandsband auf die Seite kleben. Anschließend das andere Textelement beschriften und ebenfalls auf der Seite fixieren.

3 Die Efeuranke prägen (siehe Anleitung Seite 4/5). Das geprägte Papier zu einem Streifen mit 3,3 cm Breite schneiden und anschließend aufkleben.

Tischkalender

Die Fläche unter den Kalenderblättern mit dem gestreiften Papier bekleben. Die Bordüre „Cats“ nach Vorlage J3 und den Anhänger nach Vorlage J4 vom Internet auf festes, weißes Papier drucken oder kopieren und nachmalen. Die Bordüre aufkleben, den Anhänger und einige Bändchen an die Spirale hängen. Zum Schluss die Fotos, 16 x 14 cm, auf die Kalenderseiten kleben.

Material

Albumseite

- Scrapbooking-Papier in Lindgrün mit Streifen, Lindgrün mit Punkten
- Tonzeichenpapier „Immergrün“
- Satinband in Maigrün, 3 mm
- Embossing-schablone „Efeuranke“
- Prägestift

Kalender

- Tischkalender, 17 x 15 cm
- Scrapbooking-Papier in Lindgrün mit Streifen, Lindgrün mit Punkten
- Satinband in Maigrün, 6 mm
- Satinband in Antikgrün, 6 mm

Die Menschheit lässt sich in zwei Gruppen einteilen. In Katzenliebhaber und in vom Leben Benachteiligte.
Cats Cats Cats Cats Cats Cats Cats
Katzenleben
Grisou und Maurice sind sich einig: Im efeu-berankten Haus ist gut leben! Sie teilen sich alles: Den Platz am Fenster, spannende Erlebnisse, kuschelige Schlafplätze, das Katzenfutter und natürlich auch die Liebe ihrer Besitzer!

Sonne, Sand und Meer

Material

Wandbild

- Keilrahmen, 45 x 90 cm
- Kreide in Weiß
- Scrapbooking-Papier „Taue", „Strand"
- Fotokarton in Grasgrün, Immergrün, Royalblau, Ultrablau

Foto-Mappe „Memories"

- Scrapbooking-Papier „Muscheln", „Schriften" in Babyblau
- Fotokarton in Schneeweiß
- Deko-Kordel in Natur

Foto-Box

- Pappmaché-Boxen-Set „Quadrat"
- Allesfarbe in Schneeweiß
- Kreide in Blau
- Scrapbooking-Papier „Strand"
- Fotokarton in Grasgrün, Immergrün, Royalblau, Ultrablau
- Color-Cutter Metallic in brill. Bronze
- Deko-Kordel in Natur

IMPRESSIONEN

Wandbild

Den Keilrahmen leicht mit Kreide einfärben (siehe Anleitung Seite 4/5). Alle Fotos mit verschiedenfarbigem Fotokarton unterlegen, dabei einen Rand stehen lassen. Die Textsegmente von Vorlage K1 auf das Scrapbooking-Papier „Strand" fotokopieren. Dabei das Wort „Strand" auf die untere Hälfte des Papiers mit dem abgebildeten Sand, das Wort „Impressionen" auf die obere Hälfte des Papiers mit dem Wasser kopieren. Vom Papier mit den Seilen und Tauen zwei Ecken abreißen. Alle Teile wie abgebildet auf dem Keilrahmen anbringen und mit Muscheln verzieren.

Foto-Mappe „Memories"

1 Die Vorlage K2 auf das Muschelpapier übertragen und ausschneiden. Zur Verstärkung auf den weißen Fotokarton kleben und noch einmal ausschneiden. Ein Lineal an die Faltlinien anlegen und mit der Scherenspitze daran entlangfahren; so gelingen exakte Faltungen mühelos. An den markierten Stellen zusammenkleben.

2 Aus hellblauem Papier ein Rechteck schneiden, 14,5 x 4,5 cm. Den Schriftzug K3 „Memories" vom Internet auf festem, weißem Papier ausdrucken oder kopieren und anmalen, dann ausschneiden und mit 3D-Klebepunkten auf das hellblaue Segment kleben. Von der Deko-Kordel 80 cm abschneiden und doppelt legen. Hinter der entstandenen Schlinge einen Knoten winden.

3 Den Schriftzug „Memories" mit 3D-Klebepunkten auf dem hellblauen Papier fixieren, dabei auch die Kordel zwischen den Lagen fixieren. Die Mappe dadurch schließen, dass beide Kordel-Enden durch die Schlinge gezogen werden.

Foto-Box

1 Die große Box weiß bemalen und mit blauer Kreide darüberwischen (siehe Anleitung Seite 4/5). Aus dem Papier mit dem Sanddesign einen 4,5 cm breiten Streifen schneiden und diesen unten um die Box herumkleben.

2 Für die Frontseite aus drei verschieden farbigen Papieren mit dem Color-Cutter drei Rechtecke, 6,5 x 4,5 cm, für den Deckel drei Rechtecke, 4,5 x 3 cm, schneiden. Alle Teile aufkleben. Die kleinen Fotos vorne mit Abstandsband aufkleben. Die Deko-Kordel doppelt nehmen, mehrere Knoten setzen und um die Box schlingen.

3 Entweder mit dem Wizard-Gerät jeweils 2 gleiche Muscheln und Seesterne stanzen und prägen oder die entsprechenden Motive aus dem Scrapbooking-Papier „Muschel" ausschneiden. Gleiche Elemente aufeinanderlegen und die oberen zwei Drittel zusammenkleben. Unten öffnen, das Bild dazwischenlegen und mit kleinen 3D-Klebepunkten auf der Vorder- und Rückseite fixieren.

4 Ein paar der gestanzten oder ausgeschnittenen Meeres-Motive auf den Deckel oder die Frontseite der Fotobox kleben.

Materialliste

Dies wird häufig benötigt:

Tonzeichenpapier in Weiß 81 000 100
Lochzange 21 093 00
Cutter 89 241 00
Schneidematte 89 235 00
Spezial-Doppelklebeband, 3/6 mm 33 395/398 00
Multi-Kleber 33 383 00
3D-Klebepunkte 3/6/13 mm 33 295/296/297 00
Abstandsband 33 367 00
Wizard, Stanz- & Prägegerät 78 071 00

Seite 6/7

Scrapbooking-Papiere
.... 81 943 000 / 81 036 358/312
Strukturpapier 80 509 102
Brads 78 354 49
Clips 78 401 49

Seite 8-11

Pappmaché-Box mit Leporello,
rund/eckig 81 981/982 00
Allesfarbe in Schneeweiß, Babyrosa,
Babyblau, Lavendel 38 000 100/262/358/312
Scrapbooking-Papiere 81 036 262/358/308
Briefbogenpapier „Erika“ 80 400 274
Strukturpapier in Weiß 80 509 102
Embossible Design Cards 81 883/884 000
Papierset in Rosa, „Punkte“ .... 80 156 000 / 80 160 356
Brads in Rosa, „Hand und Fuß“ 78 358 49/08
Embellishment Kit in Pink, Hellblau 78 420 33/08
Klebemotiv „Baby-Spiel“ 82 927 00
Deko-Kordel in Altrosa, 2 mm 51 658 36
Organzaband in Weiß, 5 mm 51 788 02
Embossingschablone „Hände und Füße“ 28 097 00
Embossingstift 28 298 00
Emboss-Dual-Pen 28 401 00
Embossing-Puder in Weiß 28 402 02

Seite 12/13

Scrapbooking-Papier mit
blauem Verlauf 81 943 000
Pergamentpapier in Flieder,
Türkis, Grün 80 505 308/404/426
Transparentpapier mit
Wassertropfen 81 292 000
Alphabeth-Sticker „Klassik“ 33 593 00
Organzaband in Blau 51 805 10
Acryl-Strasssteine in Türkis,
Dunkelblau 15 222 07/10

Seite 14/15

Pappmaché-Haus, 16,5 cm 81 811 00
Allesfarbe in Babyrosa 38 039 262
Scrapbooking-Papiere
.... 78 134/122 000 / 81 782 262
Fotokarton in Schneeweiß 81 002 100
Brads „Herz“ 78 357 49
Satinband, 3 mm,
in Weiß, Marine 51 506 02/44

Seite 16/17

Pappmaché-Schmuckbox 81 482 00
Spandose „Herz“, 21 cm 61 018 00
Allesfarbe in Orchidee 38 000 310
Scrapbooking-Papiere
.... 78 119 000 / 81 782 262 / 81 036 312
Fotokarton in Rosa 81 002 262
Brads „Herz“ 78 357 49
Acryl-Halbperlen in Pink 15 092 33
Acryl-Strasssteine in Rosa 15 222 16
Strassbuchstaben in Pink 78 505 16
3 Polyresin-Blüten in Rosa 86 157 00
Klebemotiv „Geburtstagstorte“ 82 915 00
Prägeschablone „Herzen“ 78 081 00
Organzaband in Rosé, 15 mm 51 805 16
Satinband in Rosa, 6 mm 51 509 16

Seite 18

Pappmaché-Rahmen, 29 x 45 cm 81 827 00
Leporello in Royalblau 81 892 376
Holz-Menütafel 61 511 00
Bleistiftbox 61 676 00
Allesfarbe in Azurblau, Lindgrün 38 000 374/414
Kreide 89 106 49
Scrapbooking-Papier mit grünen Punkten, Buchstaben .... 78 253 414 / 81 397 000
Scrapbooking-Papier mit Buchstaben, in Lindgrün .... 81 397 00 / 81 036 414
Holzspieße 61 098 00
Holzperlen, verschiedene Farben, 12 mm 12 095 00
Memo Bags 38 178 00
Satinband in Grün, 3 mm 51 551 29
Brads in Rosa 78 354 49
Hebel-Motiv-Locher, Lokomotive 89 674 00
Hebel-Motiv-Locher, Schmetterling 89 664 00
Motiv-Locher, Mädchen 89 430 00
Motiv-Locher, Junge 89 431 00

Seite 22/23

Scrapbooking- Papiere .... 78 233 000 / 78 252 414 / 81 036 414/430
Brads „Blumen 78 355 49
Holzstreuteile, „Margerite", „Gartenset" .... 88 516 49 / 88 654 00
Blütenscheibe in Gelb-, Rottönen .... 12 208 00 / 12 212 00
Softpapierkordel in Hellgrün 51 164 11
Embellishment Kit in Hellgrün 78 420 311
Steckdraht 24 031 00
Holz-Fenster 61 579 00
Kreide 89 106 49

Seite 22 /23

Scrapbooking-Papiere .... 81 036 287 / 81 941 000 / 78 132 000
Bastelpapier, bunt 80 007 999
Tonzeichenpapier in Grasgrün 81 000 422
Brads „Schrauben" 78 359 42
Lederriemen in Braun 83 018 05
Jutegarn in Natur 42 001 31
Malschablone 38 116 00

Seite 24/25

Tischkalender 81 600 00
Scrapbooking-Papiere .... 81 088 414 / 81 093 414
Tonzeichenpapier „Immergrün" 81 000 426
Satinband in Maigrün, 3/6 mm 51 506/509 85
Satinband in Antikgrün, 6 mm 51 509 84
Embossingschablone „Efeuranke" 28 366 00
Prägestift 28 300 00

Seite 26-29

Keilrahmen 61 592 00
Pappmaché-Boxen-Set „Quadrat" 81 658 00
Allesfarbe in Schneeweiß 38 000 100
Kreide 89 106 49
Scrapbooking-Papiere .... 78 240 000 / 81 938/377/862/ .... 416 000 / 81 036 358
Fotokarton in Grasgrün, Immergrün, Royalblau, Ultrablau, Schneeweiß 81 002 422/426/376/384/100
Deko-Kordel in Natur 51 300 31
Color-Cutter Metallic in brill. Bronze 78 067 660
Prägeschablone „Muscheln" 78 076 00

Kleines Scrapbooking-ABC

Brads	Rundkopfklammern; Briefklammern
Chalk	Kreide, wird pulverisiert und auf Farbflächen aufgetragen
Embellishments	Vorgefertigte Klebemotive, häufig in 3 D-Optik
Embossing	Jede Art von Technik, die dem Papier eine erhabene Struktur verleiht, z. B. Prägen, Stempeln mit Embossingpulver
Eyelets	Nieten und Ösen
Fiber	Garn, Faden oder Kordel zum Verzieren
Glue Dots	Kleine Klebepads oder -punkte, säurefrei
Journaling	Begleittext, Story oder Kommentierung auf einer Scrapbooking-Seite
Layout	Aufteilung der einzelnen Segmente auf der Seite
Lettering	Die Gestaltung von Schrift
Matten	Farbliche Unterlage für Fotos
Memo Bags	Plastiktütchen zum Aufbewahren kleiner Erinnerungsstücke
Ribbons	Bänder
Ribbon Charms	Schließen oder Schnallen zum Befestigen der Bänder
Wizard	Stanz- und Prägegerät
Snaps	Ösen mit „Deckel“, z. B. in Blütenform
Shabby Chick	„schäbiger Chic“, künstliches Altern der Papiere, z.B. durch Schmirgeln, Färben mit Tee, Kaffee, Tinte oder Zerknittern und wieder Glätten
Tags	Etikett oder Anhänger als Verzierung für die Seiten oder als Grundlage für ein Journaling
Templates	Schablone zum Schneiden von Rahmen oder Formen
Vellum	Transparentes Papier

Kreativ-Hotline

Sie haben Fragen zu den Büchern und Materialien? Frau Erika Noll ist für Sie da und berät Sie rund um die Themen Basteln und kreatives Hobby. Rufen Sie an! Wir interessieren uns auch für Ihre eigenen Ideen und Anregungen. Schreiben Sie an Frau Noll oder direkt an den Verlag, wir hören gern von Ihnen! Per E-Mail: **mail@kreativ-service.info** oder Tel: **+49 (0) 7150 / 30 27 77** | Mo. - Do.: 9.00 - 16.00 Uhr / Fr.: 9.00 - 13.00 Uhr

Impressum

Printed in Germany
ISBN 978-3-419-56833-0

Lektorat:
Matina Wesser

Styling und Fotos:
Britta & Christoph Schmotz, Freiburg

In Objekten verwendete Fotos, S.25, 26, 27:
Benno Niggemeyer, Schorndorf

Covergestaltung und Layoutentwurf:
Network!, München

Gesamtproduktion:
smp, Freiburg

Druck:
Freiburger Graphische Betriebe

Verlag Herder GmbH
Christophorus-Verlag
Hermann-Herder-Str. 4
79104 Freiburg

Tel.: 0761/2717-0
Fax: 0761/2717-352

E-Mail:
info@christophorus-verlag.de
www.christophorus-verlag.de